Ange de la mort

Du même auteur

Crépuscule, 2009

Edilivre

Broken hearts, 2011

Edilivre

Désespoir Planétaire, 2012

Mon Petit Editeur

Esprits tourmentés, 2014

Edilivre

Ange de la mort

Ibrahim Belarbi

© 2015, Ibrahim Belarbi

Edition : BoD - Books on Demand, 12/14 rond-point des Champs Elysées, 75008 Paris

Impression : BoD - Books on Demand GmbH, Norderstedt, Allemagne

ISBN : 9782322013111

Dépôt légal : Mars 2015

« Chacun pleure à sa façon le temps qui passe. »
Louis-Ferdinand Céline ; Voyage au bout de la nuit
(1932)

I. Existences

Déjà…

A peine ai-je couché un mot que le voilà vieillot et dépassé
L'image glamour du présent si médiatisée s'évanouit déjà…
Les rides, telles des racines, enterrent ma courte vie fracassée,
Rien n'a résisté au passage éclair de cet ouragan qui émergea.

Sorti des entrailles de l'univers pour nous réduire en poussière…
Rien ne sert de gémir, rien ne sert de courir: le temps est plus fort!
Ce dernier nous mènera, inexorablement, au purgatoire des matadors,
Propulsé dans le néant ténébreux, j'ai perdu la clé de mes prières.

Obnubilé

Psychorigide, je suis incapable d'exprimer mon martyr,
Par sécurité, je me suis emprisonné dans une geôle dorée,
Obnubilé par mes maux, je vais boire jusqu'à m'abrutir,
Puis maudire et vomir cette société vacillante et mal barrée.

Enfermé dans un état second, j'ai perdu la notion du moi,
Parfois j'ai besoin de me réfugier dans ma coquille de fer,
Mon mal métaphysique me mène à l'impasse et au désarroi,
Même si la mort rôde, fais-moi confiance et laisse-moi faire.

En finir avec…

En finir avec ce monde à la dérive et avec la solitude universelle.
Tous ces morts qui s'exposent et s'entassent à la surface de la terre,
C'est carnaval, les médias se parent de leurs paillettes habituelles.
En finir avec les guerres et les conflits qui ensanglantent notre sphère.

En finir avec ces cyniques qui nous gouvernent contre notre gré,
Ne plus dérouler le tapis rouge à cette illusion de démocratie,
Mépriser la démagogie, la manipulation et les cyniques simagrées,
En finir avec ce géocentrisme et ouvrir les portes de la galaxie.

En finir avec… Un coup de feu retentit…
Dans la chambre d'un vieil hôtel sordide,
Un homme, tête ensanglantée, au sol gît…
Dans sa main une arme fumante et perfide.

Ange de la mort

J'arrive à grands pas et je suis pressé d'en finir.
Tu crois que j'ai peur de toi? Je bombe le torse!
Et je frappe du poing mon cœur fatigué extrorse.
Ma vie sans relief défile alors tu peux m'anéantir.

Je suis là, songeur, de marbre, comme la sculpture de Rodin,
Marathonien, J'ai couru dans le temps telle la flèche d'un archer.
Au crépuscule des cimes enneigées, je me hisse jusqu'au bucher,
Alors que le feu brule mon corps, mon âme git dans ce jardin.

Ouroboros

A l'image du phénix qui renait toujours de ses cendres,
Toi, roi-serpent, tu te mords la queue… cercle saturnien!
J'ai puisé ma source dans ton antique symbole anhydre.
Ce cycle de vie et de mort, les ténèbres et puis plus rien…

C'est vrai, j'ai peur du néant et du vide… ô symbole cosmique,
J'ai connu un temps linéaire avec création et jugement dernier.
Entre la science et Dieu, ai-je le choix? Dilemme algorithmique…
Simple mortel, je ne peux changer de peau à l'ombre du pommier.

Alcools

O substitut du sein maternel que je tête dès que la nuit tombe,
O ma fidèle addiction, telle une mère aimante, tu me cajoles,
A ton bébé, tu offres ton téton gorgé d'un Pétrus- Pomerol,
Ivresse de vapeurs, d'arômes et de parfums jusqu'à l'aube.

Combattre la solitude et l'ennui qui gangrènent mon âme,
Titubant, je médite au bord du précipice de mon vide affectif.
Alcools, vous m'immolez de l'intérieur et videz mon crâne,
Désinhibé, faire l'amour jusqu'au nirvana, mais vous êtes afflictif!

Court métrage

Séquence pastorale: un enfant-jardinier sème une graine puis l'arrose,
Gros plan sur la semence qui bourgeonne qui pousse et qui grandit,
Plan fixe sur cette plante épanouie et belle qui séduit toute saison,
Longue panoramique sur la vie de la flore: son cœur fleur bleue qui ose,
L'amour qui frappe et qui craque puis qui casse .La vie lui a menti.
The end: mort du vieux jardinier dans son verger en défloraison.

# II. Amours

Comment avons-nous fait pour en arriver là ?

L'amour a, brutalement, chuté dans les abimes.
La confiance, telle une branche morte, s'est rompue,
Vinrent ensuite les doutes vertigineux puis la déprime.
Des sentiments passionnés et des promesses déçues,

Combien de fois ai-je étouffé mes profonds chagrins ?
Tes douces larmes que j'ai bues tel un élixir d'ambroisie
Maudit augure que cet oracle sombre qui prédit notre fin…
N'aie crainte ma mie… n'es-tu pas celle que j'ai choisie ?

N'es-tu pas l'immortelle demoiselle désignée pour l'éternité ?
Du souffle des dieux sur terre, tu es apparue nue muse déité.

Le silence de la forêt

Au cœur de la dense forêt, les rayons d'un soleil pâle,
Inondent un sentier où git un vieux banc fatigué et sale.
Encore bercé par le murmure des feuilles rouges des arbres,
Pourtant, aucune âme en vue: il règne un silence de marbre.

Jadis, nous nous retrouvions loin du tumulte de la cité,
Couchés sur ce banc, pour la première fois, je t'ai aimée,
Aujourd'hui, je revisite ces lieux abandonnés et tristes
Fermer les yeux pour te sentir et m'allonger sur la piste.

Sur ce banc, que de larmes versées, que de baisers fougueux,
Tes cheveux blonds flottaient, étendard d'un amour heureux,
Tu tournoyais jusqu'à l'ivresse et tu échouais dans mes bras,
Mais à l'automne, la faucheuse t'a ensevelie sous ses draps.

Anonyme princesse

Ici, il y avait, jadis, un rosier sauvage qui fleurissait une tombe.
Une princesse inconnue y fut enterrée par une nuit sans lune.
Victime d'une sanglante révolution, ce fut, alors, l'hécatombe.
Elle a rendu l'âme dans les bras d'un berger derrière les dunes.

Cette aristocrate du siècle des lumières était ma source, ma muse.
Mais des brutes sans foi, ni loi ont calomnié sa vertu et sa dignité,
Pétrie d'humanisme, charitable envers autrui, et très affectueuse,
La foule aveugle l'a condamnée, lapidée et tuée sans aucune pitié.

Souvenirs ternis

Lentement, ses pieds foulèrent l'épais tapis de feuilles d'automne,
Puis elle traversa une allée de hêtres et se dirigea vers un lugubre manoir.
Les larmes aux yeux et les cheveux balayés par la brise monotone,
Une fois dans la demeure, elle chercha: ses mains tâtonnèrent dans un tiroir.

A la lueur des bougies, elle lut, avec fébrilité, une lettre d'amour ternie par le temps,
Elle se souvint, près de la cheminé, il y avait un vieux piano à queue.
A cette époque, envoutée par la mélodie, elle chavirait d'extase, c'était au printemps,
L'euphorie fut éphémère quand elle entendit retentir un coup de feu.

Reviens, je t'en prie…

Ton absence c'est comme une longue nuit d'insomnie,
Mon quotidien est vide et une pluie glacée submerge mon cœur.
J'étais tout en dévotion devant toi ô ma dryade, ô ma mie,
Mais lors d'une nuit de pleine lune tu as quitté ton adulateur.

Depuis, je ne cesse de dévorer les sauvages contrées désolées,
Jamais je ne m'arrêterai car tu es l'essence de ma courte vie,
O capricieuse, reviens, avant que je ne franchisse les barbelés.
Ton retour serait une offrande à mon âme et à mon esprit ravis.

Un soir d'été
La brise d'un soir d'été, ta douce peau dorée par le soleil,
Je caresse tes cheveux blonds répandus sur le sable fin,
Et nous fermons les yeux et plongeons dans le sommeil,
Enlacés pour l'éternité nous tanguons jusqu'aux confins,

De nos rêves tels des naufragés qui naviguent vers l'éther.
Nos murmures se noient dans les profondeurs de la mer,

O gente dame, sais-tu que ta beauté romantique enchante mon enfer?
Tu défies les augures du destin et brises les chaines des promesses,
Sans lendemain, de mes paroles douloureuses, tu ne peux te satisfaire.
Soif d'absolu, nous sombrerons, tous deux, dans l'utopique ivresse.

Aux équinoxes de la vie

A l'équinoxe d'automne, ta peau si halée et si sucrée se fane,
Tes cheveux fous, en apesanteur, tels ces feuilles d'une érablière, frileuse et nue,
Qui s'envolent tourbillonnent et planent dans le ciel diaphane,
J'ai si peur de tes yeux d'ambre, aux iris fauves du loup de Sibérie, qui me tuent.

Nous étions insouciants et léthargiques sous les rayons ardents du soleil,
Tels des nomades d'iles désertes, nus et primitifs, sous les cocotiers tropicaux
Je mordais à pleine dents dans ta succulente chair en offrande, fragile agneau…
Insatiable jamais repu et toujours altéré je buvais dans ton âme en éveil.

Quand est arrivée la tempête, nous n'avions pas de refuge où nous cacher,
Nous fûmes emportés par les eaux déchainées et propulsés vers le continent des réalités.
Dès lors séparés, chair à chair, nous devenions une proie pour les bouchers,
O ma nostalgie, cruel miroir sans tain, j'ai halluciné quand je l'ai retrouvée: vieille et alitée

Rita

Holà Margarita Carmen de Brooklyn, ma timide sévillane,
A quinze ans déjà, tu jouais la starlette, là-bas à Tijuana,
Mais trop brune! Pour les producteurs aux valeurs texanes.
Après l'incarnation de filles exotiques, tu as raté Ramona.
Il fallait te métamorphoser car tu faisais trop typée, mon espagnole,
Tu as appris à tes dépens que seuls «les anges ont des ailes»,
Avec «L'ange de Broadway» tu planes au-dessus des métropoles.
Femme fatale affrontant son destin, perdue comme une agnelle.
Mais amazone dans «les arènes sanglantes», une vraie «dona sol»,
Tu donneras l'estocade à tous tes détracteurs, tu deviens sex symbol.
C'est la guerre et les gi's te veulent pin-up de leurs rêves agités et juvéniles.
Avec «Gilda», la plus belle femme des Etats unis: vers les étoiles, tu files.

III. Les mille et un conflits d'orient

Sultane

Ô souveraine d'une nuit légère et éphémère,
Ton regard bleu-turquoise sur le Bosphore,
O ma sultane… ton corps jardin de jasmin.
Boire dans ta bouche l'élixir, ô ma Cléopâtre fière,
Ô fille de Saba, jette dans l'Euphrate ton tchador!
En toi, je gémis et meurs torturé de désirs byzantins.

La pilote musulmane

La pilote des Emirats Arabes Unis, s'appelle Mariam Al Mansouri,
De son F 16, elle mène des frappes aériennes contre Daech en Syrie.
A la tête d'une escadrille de l'armée de l'air des Emirats, elle lance des raids contre les djihadistes
A trente-cinq ans, elle a été la première femme émiratie à piloter un avion de combat. Arabe et féministe,
Elle se bat pour le droit d'accéder au plus haut niveau et elle prône l'égalité entre hommes et Emiraties.
Humiliés, les islamistes l'insultent et la menacent de mort mais elle n'a peur de rien, la star d'Abou Dhabi!

"Hey
Isis.
You were
Bombed by
A woman.
Have a
Nice day"

La secte qui tue

J'ai vu des hommes brandir, à la fois, des kalachnikovs et des sabres,
Haineux, sous couvert de l'islam, ils crient «mort à tous les infidèles».
Ils prônent la barbarie, la charia et la folie kamikaze du onze septembre,
Ils sèment la terreur et le chaos tels des morts-vivants nés de l'irrationnel.

Otage, o rage!

Je vais être exécuté par des fanatiques se réclamant de Dieu,
Je serai égorgé et vidé de mon sang comme un animal odieux.
J'ai été capturé et, malgré tout, conscient du danger encouru,
Otage et monnaie d'échange entre islamistes et gouvernements.
Que vaut ma vie? Rien… en me remémorant tous ces disparus.
Mon pays ne négocie jamais avec terroristes! Dites-moi qui ment?
Ma famille va me pleurer et les comités de soutien vont s'émouvoir.
Merci aux médias. Mais c'est moi qui vais mourir. C'est ma réalité.
A cet instant je pense à celle que j'aime, partir sans lui dire au revoir…
Qu'on en finisse avec la barbarie: tuez-moi avec vengeance et bestialité.
Dos à dos, mes cyniques politiciens et mes féroces bourreaux: que de haine!
Je suis déjà mort…Qui se souvient encore de moi? Vous me faites de la peine.

Clichés hollywoodiens

Le cinéma US m'a tant fait rêver quand j'étais adolescent mais, depuis, quelle régression crétine
Pourtant, j'adorais les talents émergeants de l'Actor studio: aux gueules de rebelles, tel James Dean
Revoir, sans lassitude, les films en admirant ses sublimes actrices et ses acteurs de classe mondiale
Marlon Brando, Faye Dunaway, Robert Redford, Jacqueline Bisset... jusqu'à la nouvelle vague internationale
Mais il y'a l'envers du décor: la fabrique hollywoodienne a produit et entretenu les clichés les plus éculés.
Féodal, polygame, fourbe, conspirateur, déloyal, menteur, arnaqueur, dealer. C'est de la vermine, des enculés!
Dès lors, partie prenante, au Moyen-Orient, elle participa à la propagande et diabolisa les arabo-musulmans.
De tous les présidents US, Le fils Bush, évangéliste d'une nouvelle croisade, ce dernier reste l'incarnation de Satan.
Résolument offensif, Hollywood, rouleau compresseur, écrasait tout sur son passage: gare à l'ennemi!
Passe encore les décors des mille et une nuits et des déserts foulés par Lawrence d'Arabie
Il y eut, auparavant, les peaux rouges, les Japs, les viets, les russkofs et maintenant voilà les terroristes- djihadistes!
Sans vergogne et sans souci d'honnêteté intellectuelle, on piétine l'équité et la dignité. Ça m'attriste!
L'arabe, caricaturé à outrance, apparait menaçant: toujours tapi dans l'ombre... être vil et maléfique
Toujours prêt à frapper dès qu'on lui tourne le dos. Hé oui! Jamais, ce lâche ne combat de face. C'est mathématique!
Les lobbyistes, parti-pris et arabophobes, d'Hollywood ont véhiculé l'image d'un arabe, viscéralement, antisémite.

A travers leurs films-propagande et avec véhémence ils martèlent leur aversion pour ces peuples barbares qu'ils rêvent de faire sauter à la dynamite!
Et tout est mis en scène pour stigmatiser ces nomades-archaïques assoiffés de sang de vengeance et de destruction massive.
Puissante et efficace manipulation des masses: c'est le moyen le plus efficace pour diffuser leur insipide missive.
Ces producteurs, avec perfidie et parcimonie, ont semé dans les esprits de millions de gens la crainte du basané.
Leur maitre mot et leur leitmotiv, ce sont tous des «terroristes», tel:« l'enfer du devoir» ouvertement raciste, pourtant, le film est suranné.
Même au vingt et unième siècle, ce consensus, du politiquement correct, interdit de mettre en scène un héros arabe …
Malgré les talents dont recèle le cinéma américain, c'est toujours tabou. Vaut mieux être un poulpe ou un crabe!
Pourtant quelques productions, timidement, revisitent les clichés de l'arabe comploteur et méchant.
J'en veux les séries «24 heures chrono» et «Home land» censées coller à la réal politik
Cela dit, les mentalités populaires sont tenaces et toujours engluées dans la vase de leurs penchants
A quand la nouvelle vague du cinéma US qui proclamera «not in my name»? Don 't panik!

Animus sans cervelle

Entre ombre et lumière, je suis cet animus qui t'inquiète!
Tu marches à tâtons ta canne se brise contre le macadam.
La boue propagée dans ton cerveau met ton esprit à la diète.
Ta dérisoire représentation de surpuissance est mimodrame!

Suspicion et paranoïa

Pourquoi dois-je, en permanence, me justifier et décliner mon identité?
Dans tous les aéroports du monde, je suis pétrifié par la paranoïa collective…
Dans mon propre pays, je dois faire profil bas et subir la sentence punitive…
Dans la rue, dans le métro, partout, parmi les autres, je ne suis pas rassuré.
Leur peur me fait grave flipper et je doute de moi.
Ma valise et mon sac à dos les mettent en émoi.
Certains regards me détaillent. Des ultra- inquisiteurs!
Leur haine vicie l'atmosphère, c'est nauséabond!
Les militants- prosélytes voient en moi un prédicateur.
Je n'ai pas à endosser les crimes de tous ces démons!
Les médias, relais et échos naturels, de certains populistes,
Me stigmatisent dans leurs articles succincts et simplistes.
Pourtant, je vis dans un pays libre et de surcroit démocratique,
Mais rien ne peut me protéger d'un acte fou perpétré par un aryen.
Dans un état de droit, je n'ai pas à me méfier de mes concitoyens.
En vérité, je ne suis qu'un citoyen de seconde zone, un fanatique!
Mais emmuré de soupçons, je reste le bouc émissaire idéal.
Pour expier mes crimes, je symbolise un exutoire collatéral.
Systématiquement, les autochtones exigent, sur le champ, une réaction.
Je peux proclamer «non, pas en mon nom». Aucun problème!
Mais mon excommunication est programmée: c'est l'anathème!
Je suis comme toi: pour ces crimes commis, je n'ai que de l'abjection.
Demande-t-on aux basques et aux corses de justifier les attentats régionaux?
A-t-on exigé des norvégiens qu'ils internent le tueur Breivik à Guantanamo?

Là, c'est différent. Ces gens-là sont malades, des illuminés ou des sociopathes
Et les dommages collatéraux des guerres américaines dictées par des technocrates?
La peur est notre ennemi commun, ensemble combattons l'obscurantisme.
Faisons sauter les préjugés, en nous unissant contre le chaos et le fatalisme.

Intellectuel arabe

Les médias t'évitent car tu casses leurs formatages.
C'est plus convenu d'inviter l'imam à l'accent du bled.
Dans les joutes verbales, tu affrontes les érudits aèdes.
Contre leurs certitudes et leurs préjugés: à l'abordage!

Converti non averti

Désormais, je suis un combattant de dieu, un djihadiste aguerri.
Depuis, je me suis enrichi des valeurs qui me manquaient, adolescent.
Délinquant, dealer, junkie et taulard mais que de larmes et de sang…
Après ma rédemption, un « frère» a rééduqué mon esprit appauvri.
Car, ni mes parents, ni la société ne m'ont inculqué une quelconque éducation,
Je n'ai eu aucune formation et pour seul horizon le chômage et la délinquance,
Dans mon ghetto communautaire, c'était l'ennui quotidien sans autre distraction,
Ici, en Syrie, j'ai donné un sens à ma vie et je vais mourir sans déliquescence.

Yasmina

Noctambule, libertine et fêtarde jusqu'au bout de l'épuisement.
Tes délicates narines poudrées et consumées par la coke,
Jour après jour, tu sombres dans la nuit pourpre, inexorablement,
Fini ta famille et tous tes amis, maintenant tu t'en moques.
Bannie par les tiens, tu t'es, alors, entourée d'une faune cupide et affectée,
Ton corps offert aux pires assauts virils et aux griffures femelles.
Ta vie est un labyrinthe et tu perds ton âme dans le dédale du minotaure futé,
Même le roi Minos ne peux rien pour toi, tu n'es pas immortelle.
A quinze ans, tu as été propulsée sous les feux des froids studios,
Illusions, désillusions et déprime d'une demoiselle devenue icône
Ta jeunesse s'est dissoute comme neige au soleil triste scénario !
Fantôme de ton ombre, tu erres dans le crépuscule telle une démone.

Leïla

Comme pour défier le destin, tu danses dans le jardin d'un palais,
Tes cheveux auburn sont étincelants sous le soleil d'un soir d'été,
Tu tournoies telle une libellule virevoltant au-dessus des marais,
Tes yeux sont remplis de bonheur et tu souris comme prise d'ébriété,
Chaines à tes chevilles nues et un diamant niché au creux du nombril,
Ton corps qui ondule lascivement sur les tapis persans, je suis fébrile,
La fièvre enflamme mon corps et mon esprit est transporté vers l'orient,
Peau forgée au feu du désert qui me brule et lèvres oasis source du coran,
O Leïla, douce comme la nuit, esclave des mille et un caravansérails,
Danse pour conjurer le sort : favorite du harem, tu enflammes le sérail…

Alternativ arabic rock

La musique chaabi, l'arabo andalou, bédouins et gnawas, spirituel soufi.
La grande dame Oum Khaltoum, Farid El Atrach et la reine Fairuz.
Un journaliste d'une revue rock ricanait à propos du dictateur Kadhafi
Qui honnissait le rock occidental lui préférant l'oriental: ringardises!
Que dire à ces gens qui, par manque de culture, caricaturent à outrance?
Savent-ils qu'il existe de nombreux styles de musiques en terres arabes?
Pour le lambda, la seule musique populaire qui vaille, c'est le belly dance.
Pour les autres, le rock, le folk, le métal et la pop, expriment la désobéissance
Akher Zapheer, Mashrou 'Leila, Jadal, Khalas, Haz el adalah et d'autres encore…
La révolution politique a échouée, la société civile détient la réponse à ses maux.
Génération culturelle qui se démarque des standards imposés, à toi l'âge d'or!
Cherchez l'inspiration en dehors des lieux de prière et créez avec vos propres mots!

Je suis Charlie l'arabe

2015, nouvelle année qui déverse du sang au lieu de la neige,
Mon dieu… ces innocents lâchement exécutés de sang froid…
C'est le cœur meurtri d'une nation exsangue qui est pris en otage,
Ces criminels et terroristes, sans cervelles, font peur : c'est l'effroi …
Outre le discrédit qu'ils jettent sur tous les musulmans,

Ils sèment la terreur, attisent la haine et cherchent le chaos.
Il est temps, messieurs les imams, d'éduquer les ignorants !
Il est temps, vous les gouvernants, de faire face à votre fiasco !
Ces barbares qui décapitent et qui flinguent sont mes ennemis,
Ils appliquent la charria tels des nazis adeptes de l'holocauste.
Leur propagande haineuse n'est pas l'islam, il n'y a pas de pandémie !
Ils forgent le cerveau des recrues paumées sous le feu de l'hypocauste.
Horreur !!!Ils saccagent et détruisent notre patrimoine humanitaire…
Ces statues, ces œuvres d'art, ces livres à jamais dans le feu de l'enfer !
Bon dos ! La liberté d'expression… J'exècre le discours vicié que brament
Marie la benne, Fine crotte, l'orfraie, Moulebec, El zizimour et Julie d'assaut,
Qui, non sans perfidie et stratégie, invectivent et incitent au djihad anti- islam,
Je renvoie, dos à dos, ces frères ennemis qui, dans leur schizophrénie, se font écho.

IV. Sociétés

Délicat

Je suis un déclassé, un illettré et comme on dit de moi un quart-monde.
Déshérité, tel un rat d'égout, je fouille dans les poubelles des riches.
J'ai tout connu: le chômage, le divorce, l'alcool, et l'errance vagabonde.
Braver les intempéries et les yeux fuyants de l'indifférence qui s'affiche.

Quinquagénaire grisonnant, bedonnant et râleur édenté, jeté du train princier
J'ai roulé ma bosse sur des routes glissantes et porté le baluchon vide du destin.
La nuit je tète le sein d'une bouteille de picrate et j'incarne le Dionysos sorcier,
Le jour, je déclame et je soliloque tel un funambule momifié dans un rôle clandestin.

Fuir

Partir sur un coup de tête sans se retourner et disparaitre pour toujours.
Tout abandonner derrière soi, travail, maison, surtout femme et enfants.
Continuer sa route jusqu'à l'Eldorado où m'attend un très long séjour
Sans regrets et sans nostalgie pour ma vie antérieure de guerrier vétéran.

J'ai violé, pillé, torturé, tué et, depuis une éternité, j'ai perdu sommeil,
Machine de guerre, gavée de haine et de patriotisme, j'ai exterminé l'ennemi.
J'ai obtempéré. Mais j'ai piétiné mes propres valeurs pour un idéal compromis,
Pas d'exutoire, aucun refuge…toujours fuir loin des lumières du soleil.

Demain

Dans ce monde ouvert et éclaté, il n'y a plus de lois,
La haine comme leitmotiv aux meurtres et à la guerre,
La destruction, l'anarchie et le chaos règnent en toi,
Réseaux sociaux: délation, haine, racisme s'y terrent.

Les bombes sifflent, pleuvent et brulent tout sur leur passage,
Ailleurs, les marchands d'armes spéculent aux forums du G8,
Petites mains immolées par des firmes issues d'un autre âge,
Les peuples brimés face à toi puissamment armé d'un tweet?

Le pourfendeur

Par veulerie, nous sommes tous de potentiels alliés du malin.
Par lâcheté, vous diabolisez les démonistes, vous les puritains !

Le feu se propageait tel le sang qui coule dans le torrent,
Mourir en enfer n'était pas pour lui le pire des supplices.
Plus rien ne pouvait le terroriser pas même l'exorcisme,
Le désenvouter de quoi? Accusé d'être l'allié de Satan.

Gare à vous! Vous ne l'emporterez pas au paradis, ô orphelins!
Capables de tout pour assouvir votre soif de pouvoir, ô putains…

V. Saveurs d'Asie

La plage

Tes petits pieds nus s'enfoncent dans le sable mouillé.
Tandis que les vaguelettes vaporeuses caressent ta douce peau.
Alors que les algues marines distillent leur odeur d'été,
Ton corps fébrile de geisha, nu et satiné, chavire dans l'eau...

Fille de Shanghai

Grande, cheveux longs noirs de jais, des yeux pétillants et bridés,
J'ai adoré ta bouche délicieuse et tes jolies fossettes d'impératrice.
Tu savourais ton thé, Huang cha, avec un rituel ancestral démodé,
Shanghai la courtisane, Shanghai la vertueuse, mon ambassadrice.

Tu incarnais cette femme, à la fois, millénaire et, à la fois, futuriste,
Te retrouver dans la cité moderne, tu t'es volatilisée dans le quartier de Pudong.
Vertiges de la tour Jinmao et retour aux vestiges de l'ère colonialiste,
Des fumeries d'opium aux maisons closes, je suis à ta recherche chère miss Dong.

Chinoise des campagnes

Vêtue d'un mini short et de talons aiguille, ta démarche est gracieuse et altière,
Tu quittes l'aéroport, taxi, hôtel, studio-photo, maquillage, image évanescente.
Les regards convoiteurs caressent ton corps, tu provoques une cohue, émeutière!

Campagnarde perdue dans le tumulte urbain, elle est loin la paysanne innocente.

Japonaise des villes

J'ai connu une fleur du bitume issue de la mégapole Tokyo,
Sensible, cultivée et raffinée, elle était jolie ma douce Yoko.
Inspiratrice de mes nuits poétiques et égérie de mes rêves,
Elle a voyagé à travers le monde puis elle a fait une trêve.

Vivre sans bruit et sans pollution, loin des centrales nucléaires.
Retour aux sources, les chevaux et la nature, rien de doctrinaire,
Juste revenir à l'essentiel et s'éloigner des mirages artificiels.
Elle a jeté ses oripeaux urbains et elle est de plus en plus belle.

Malaysia

Elle marche sous le soleil protégée par un parapluie motifs rouge et or dragons.
Elle arbore un timide sourire et ses cheveux sont enveloppés dans un foulard.
Citadine de Kuala Lumpur ou rurale de Bornéo, ineffable telle coraux et lagons.
Ô, malaise, cernés par l'Indonésie et embarqués sur la mer de Chine, on s'égare.

Indonesia

Nur, tes longs cheveux noirs qui flottent sous le clair de lune,
Ta peau au gout du miel et tes douces lèvres rouge coquelicot.

Je m'abime et j'échoue sous tes yeux noirs en forme de dune,
Ton corps tangue, un serpent qui danse, sous le feu du Bromo.

En pleine jungle, notre bivouac se compose d'un nasi goreng,
Dans la nuit noire, nous buvons des bintang puis nous fumons,
Des kretek aux arômes sucrés puis tu souris et ôte ton sarong,
De Java à Sumatra, être avec toi sous toutes latitudes et saisons.

La petite vieille des montagnes

Là-bas, loin du vrombissement des cités modernes, dans les froides montagnes,
Une petite vieille, édentée et courbée, porte sur son dos frêle un fagot de bois mort.
Elle chemine un sentier tortueux et gravit péniblement la dernière pente de l'ubac
A bout de force, elle pourra enfin réchauffer ses os cassés par ce labeur de bagne.
Faire cuire une galette dans le four en pierre puis fermer les yeux jusqu'à bon port…
Même la montagne hiémale ne peut venir à bout d'un gracile aussi fort qu'un yack.

TABLE DES MATIERES

I. EXISTENCES 7

Déjà… 8

Obnubilé 8

En finir avec… 9

Ange de la mort 9

Ouroboros 10

Alcools 10

Court métrage 10

II. AMOURS 11

Comment avons-nous fait pour en arriver là? 12

Le silence de la forêt 12

Anonyme princesse 13

Souvenirs ternis 13

Reviens, je t'en prie… 14

Un soir d'été 14

III. LES MILLE ET UN CONFLITS D'ORIENT 17

Sultane 18

La pilote musulmane 18

La secte qui tue 19

Otage, o rage! 19

Clichés hollywoodiens 20

Animus sans cervelle 21

Suspicion et paranoïa 22

Intellectuel arabe 23

Converti non averti 23

Yasmina 24

Leïla 24

Alternativ arabic rock 25

Je suis Charlie l'arabe 25

IV. SOCIETES ... 27

Délicat ... 28

Fuir ... 28

Demain ... 29

V. SAVEURS D'ASIE ... 30

La plage ... 31

Fille de Shanghai ... 31

Chinoise des campagnes ... 31

Japonaise des villes ... 32

Malaysia ... 32

Indonesia ... 32

La petite vieille des montagnes ... 33